EL ANTIGUO EGIPTO

DANIEL R. FAUST
TRADUCIDO POR ALBERTO JIMÉNEZ

 Gareth Stevens
PUBLISHING

ENCONTEXTO

T0027361

Please visit our website, www.garethstevens.com. For a free color catalog of all our high-quality books, call toll free 1-800-542-2595 or fax 1-877-542-2596.

Library of Congress Cataloging-in-Publication Data

Names: Faust, Daniel R., author.
Title: El antiguo Egipto / Daniel R. Faust.
Description: New York : Gareth Stevens Publishing, 2019. | Series: Las antiguas civilizaciones | Includes index.
Identifiers: LCCN 2018015777| ISBN 9781538236840 (library bound) | ISBN 9781538236826 (pbk.) | ISBN 9781538236833 (6 pack)
Subjects: LCSH: Egypt—Civilization—Juvenile literature. | Egypt—History—To 332 B.C.—Juvenile literature. | Egypt—History—332-30 B.C.—Juvenile literature.
Classification: LCC DT61 .F297 2019 | DDC 932—dc23
LC record available at https://lccn.loc.gov/2018015777

First Edition

Published in 2019 by
Gareth Stevens Publishing
111 East 14th Street, Suite 349
New York, NY 10003

Copyright © 2019 Gareth Stevens Publishing

Translator: Alberto Jiménez
Editor, Spanish: María Cristina Brusca
Designer: Reann Nye

Photo credits: Series art (writing background) mcherevan/Shutterstock.com, (map) Andrey_Kuzmin/Shutterstock.com; cover, p. 1 posztos/Shutterstock.com; p. 5 Peter Hermes Furian/Shutterstock.com; p. 7 Tanatat pongphibool ,thailand/Moment/Getty Images; p. 9 PHAS/Universal Images Group/Getty Images; p. 11 Bettmann/Getty Images; p. 13 Waj/Shutterstock.com; p. 15 Dean Mouhtaropoulos/Getty Images News/Getty Images; p. 17 Fedor Selivanov/Shutterstock.com; p. 19 Marcin Sylwia Ciesielski/Shutterstock.com; p. 21 Heritage Images/Hulton Archive/Getty Images; p. 23 Anton_Ivanov/Shutterstock.com; p. 25 Radiokafka/Shutterstock.com; p. 27 Leonid Andronov/Shutterstock.com; p. 29 Ancientrome.ru/PericlesofAthens/Wikipedia.org.

CPSIA compliance information: Batch #CW19GS: For further information contact Gareth Stevens, New York, New York at 1-800-542-2595.

CONTENIDO

Las palabras del glosario se muestran en **negrita** la primera vez que aparecen en el texto.

UN RÍO EN EGIPTO

Con una longitud de 4.132 millas (6.650 km) el río Nilo, en Egipto, es uno de los más largos del mundo. Comienza en el este de África central y desemboca en el mar Mediterráneo, en el llamado **delta**. Los primeros egipcios se asentaron a lo largo del río Nilo.

Si quieres saber más

Cada año, de julio a septiembre, el río Nilo inunda las tierras cercanas. Estas inundaciones eran peligrosas, pero también ayudaron a convertir el desierto en tierras de cultivo a lo largo de su extensa ribera.

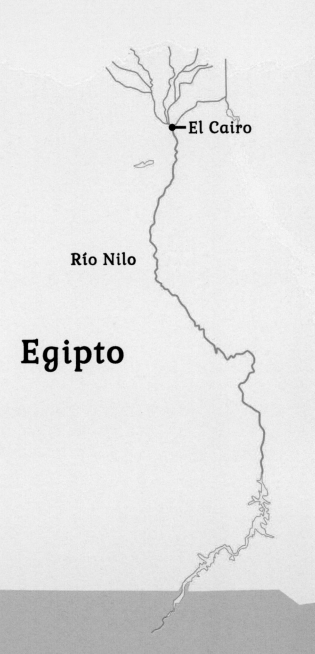

Mar Mediterráneo

El Cairo

Río Nilo

Mar Rojo

Egipto

Los primeros egipcios usaban la tierra fértil a lo largo de las orillas del río Nilo para cultivar granos y criar cerdos, ovejas y cabras. Hacia el año 4000 a. C., los pueblos vecinos de todo Egipto empezaron a unirse para formar **provincias** llamadas *nomes*.

Si quieres saber más

El río Nilo también se utilizaba para llevar personas y mercancías de un lugar a otro. Con una planta llamada papiro se hacían pequeños botes, que flotaban río abajo.

DOS EGIPTOS QUE SE UNEN

Con el tiempo, la civilización egipcia se convirtió en dos reinos. El Bajo Egipto estaba situado en el delta del río Nilo, al norte. El Alto Egipto se localizaba en el valle, una zona más seca, al sur.

Si quieres saber más

Los reyes del Alto Egipto llevaban una corona blanca. Los del Bajo Egipto, una roja. Cuando las dos tierras se **unieron** se creó una doble corona, roja y blanca.

Pschent,
o doble corona.

Menes unió los reinos del
Alto y Bajo Egipto hacia
el año 3100 a. C. Menes,
que en ocasiones recibe
también el nombre de
Narmer, fue un gobernante
del Alto Egipto. Bajo
su liderazgo, Egipto se
convirtió en una nación
unida y poderosa. Menes
llegó a ser el primer faraón
o rey de Egipto.

Menes

Si quieres saber más

Aunque las tierras estaban unidas, los egipcios todavía
llamaban al nuevo reino las "dos tierras". Pronto este
territorio se conoció simplemente como Egipto.

11

REINO ANTIGUO

La historia egipcia está dividida, en tres períodos llamados reinos. El primer período se llamó Reino Antiguo, y duró desde el año 2575 a. C. hasta el 2130 a.C. Durante el Reino Antiguo, los egipcios construyeron grandes tumbas, sus célebres construcciones funerarias y monumentos para honrar a los faraones.

Si quieres saber más

Debido a los monumentos construidos durante este tiempo, el Reino Antiguo también se llama la "época de las pirámides". Los faraones del Reino Antiguo son llamados "constructores de pirámides".

DIOSES Y FARAONES

La antigua **religión** egipcia era politeísta, lo que significa que la gente creía en varios dioses. Los egipcios pensaban que estos dioses habían creado su mundo y lo controlaban. Los faraones eran también **adorados** porque para los egipcios eran el vínculo, es decir, la **conexión** entre los dioses y los seres humanos.

Si quieres saber más

Para los egipcios, los faraones eran **divinos** y todo lo sabían.
Al morir, los faraones se convertían en dioses
y eran adorados como tales.

JEROGLÍFICOS

Los antiguos egipcios
utilizaban una forma de
escritura llamada jeroglífica.
Los jeroglíficos se servían
de imágenes o **símbolos**
para representar palabras,
sonidos e ideas. Mucha
de la información que los
historiadores tienen sobre
el antiguo Egipto proviene
de jeroglíficos que fueron
pintados en muros o tallados
en piedra.

Si quieres saber más

Podemos leer jeroglíficos gracias a la piedra de Rosetta, una tablilla de piedra que contiene el mismo texto escrito de tres maneras diferentes: en jeroglíficos, escritura demótica y griego clásico.

REINO MEDIO

El Reino Medio duró desde 1938 a. C. hasta 1630 a.C. El Reino Medio fue una época de crecimiento, de expansión. Los faraones querían extender su poder a tierras cercanas. Durante este período, Egipto también comerciaba con la civilización minoica, en Grecia.

Si quieres saber más

Durante el Reino Medio, se unieron muchos soldados
al ejército y los faraones construyeron una serie de fuertes
para mantener a Egipto a salvo de los **invasores**.

REINO NUEVO

Alrededor de 1630 a. C.,
Egipto fue invadido por
los hicsos, un pueblo de
Asia occidental. Los hicsos
gobernaron durante unos
100 años antes de ser
expulsados de Egipto.
El Reino Nuevo, que
le siguió a esta época, se
prolongó desde 1539 a. C.
hasta 1075 a. C.

Si quieres saber más

Las mujeres tenían muchas libertades en el antiguo Egipto.
Podían poseer tierras y dirigir negocios, ¡algunas podían ser faraonas!
La faraona Hatshepsut, por ejemplo, gobernó durante el Reino Nuevo.

El Reino Nuevo fue un
período de gran **riqueza**,
crecimiento y expansión
territorial. El ejército egipcio
ingresó con éxito en Siria,
Nubia y las tierras ribereñas
del mar Mediterráneo.
A medida que la población
de Egipto crecía, más gente
se trasladaba a las ciudades.
Allí, el arte y la religión
se hicieron más populares.

Si quieres saber más

Durante el Reino Nuevo, los faraones construyeron
estatuas y edificios gigantescos. Un faraón, Ramsés II,
edificó incluso su propia ciudad, la llamada Pi-Ramesse.

23

EGIPTO EN DECADENCIA

Después de gastar todo su dinero en proyectos de construcción y en el ejército, Egipto se debilitó. Los invasores comenzaron a tomar el control y Egipto perdió gran parte de las tierras que había conquistado u ocupado durante el Reino Nuevo. En el año 525 a. C., el **Imperio** persa (los medos) conquistó Egipto.

Soldados persas

Si quieres saber más

Durante el período tardío (664-332 a. C.), el culto a animales
se convirtió en parte importante de la religión egipcia.
Muchas especies de animales fueron momificadas en esta época.

CONQUISTA DE EGIPTO

En 332 a. C., Alejandro Magno conquistó Egipto, creando el mayor imperio de su tiempo. Dejó su marca en Egipto, con la fundación de una nueva ciudad que se llamó Alejandría. Alejandría fue el lugar donde se construyó la famosa Biblioteca de Alejandría, un legendario centro de transmisión de conocimientos.

Si quieres saber más

Después de la muerte de Alejandro, Alejandría se convirtió en la nueva
capital de Egipto y en un lugar de gran importancia comercial.

CLEOPATRA Y LOS ROMANOS

Cleopatra fue el último faraón egipcio antes de que cayera en manos del Imperio romano. El pequeño ejército egipcio era demasiado débil para combatir a los invasores. Egipto fue parte del Imperio romano, desde el año 30 a. C. hasta alrededor del año 395 d. C., cuando el Imperio romano se dividió en dos.

Cleopatra

Si quieres saber más

La antigua civilización egipcia duró casi 3.000 años. Cuando el Imperio romano se dividió en dos, a finales del siglo IV d. C., muchas de las formas de vida del antiguo Egipto se perdieron.

29

LÍNEA DEL TIEMPO DEL ANTIGUO EGIPTO

c. 5000 a. C.
Cultivos a orillas del río Nilo.

3100 a. C.
El Alto Egipto y el Bajo Egipto se unen en un solo reino.

2575-2130 a. C.
Reino Antiguo.

1938-1630 a. C.
Reino Medio.

1539-1075 a. C.
Reino Nuevo.

525 a. C.
El Imperio persa conquista Egipto.

332 a. C.
Alejandro Magno conquista Egipto y funda la ciudad de Alejandría.

30 a. C.
Egipto cae ante el Imperio romano.

GLOSARIO

adorar: honrar como a un dios.

conexión: algo que une dos o más cosas.

delta: tierra en forma de triángulo en la desembocadura de un río.

divino: que se relaciona con un dios o que procede de él.

estatua: figura, generalmente de persona o animal, que está hecha de piedra o metal.

imperio: territorio o territorios de grandes dimensiones bajo el control de un solo gobernante.

invasor: alguien que entra en un lugar para apoderarse de él.

provincia: área de un país.

religión: conjunto de creencias y ritos destinados a honrar a un dios o dioses.

riqueza: el valor de todo el dinero, la tierra y las pertenencias que alguien o algo tiene.

símbolo: imagen, forma u objeto que representa otra cosa.

unir: hacer que dos o más cosas se vinculen, se enlacen y se conviertan en una sola.

PARA MÁS INFORMACIÓN

LIBROS

Hart, George. *Ancient Egypt*. New York, NY: DK Publishing, 2014.

Randolph, Joanne. *The Myths and Legends of Ancient Egypt and Africa*. New York, NY: Cavendish Square, 2018.

SITIOS DE INTERNET

10 datos sobre el antiguo Egipto

www.natgeokids.com/uk/discover/history/egypt/ten-facts-about-ancient-egypt

Para aprender más sobre el antiguo Egipto y cómo es el de hoy.

Nota del editor para educadores y padres: nuestro personal especializado ha revisado cuidadosamente estos sitios web para asegurarse de que sean apropiados para los estudiantes. Muchos sitios web cambian con frecuencia, por lo que no podemos garantizar que posteriores contenidos que se suban a esas páginas cumplan con nuestros estándares de calidad y valor educativo. Tengan presente que se debe supervisar cuidadosamente a los estudiantes siempre que tengan acceso al Internet.

ÍNDICE